a Wladimir Horowitz

PRESTO
en si♭

FRANCIS POULENC

1934

mf
sec
sf
p
sans ralentir
sf
Ped.
8a bassa
au même Mouvt
p
mf
p
mf
5
p

cédez un peu
au Mouvt
pp très clair et très sec
mf
f
p
f très brillant
f
sf
sans ralentir
p

Le Trémblay - Juillet 1934